A LA MÉMOIRE

DU

VÉNÉRABLE M. ESSERTEL

CURÉ DE VIRIGNEUX

Mort le 1er Mars 1870

LYON

P. N. JOSSERAND, LIBRAIRE-ÉDITEUR

3, PLACE BELLECOUR

—

1870

A LA MÉMOIRE

DU

VÉNÉRABLE M. ESSERTEL

CURÉ DE VIRIGNEUX

Mort le 1er Mars 1870

Il est des circonstances à jamais mémorables dans la vie. Jeudi (3 mars), pendant que tout Lyon avait les yeux fixés sur un spectacle émouvant, pendant que tout notre diocèse était en deuil et que le cardinal, primat des Gaules, était à tous l'objet de nos regrets, une paroisse de la Loire, Virigneux, se trouvait doublement plongée dans la tristesse. Ses habitants procédaient à la sépulture de la dépouille mortelle de M. Essertel, leur charitable et vénéré pasteur.

Depuis cinquante-trois ans, ce noble et vigoureux vieillard conduisait avec un zèle qui ne s'est jamais démenti, son troupeau dans le sentier de la justice et la pratique de toutes les vertus chrétiennes, lorsque la mort, par un de ses coups imprévus, est venue soudain, le 1er mars, l'enlever à l'affection de ses ouailles bien-aimées. Il entrait dans sa quatre-vingt-quatrième année.

C'était un homme de cœur et de talent, d'une foi robuste et éclairée, d'un jugement sain et d'une exemplaire abnégation. Ce pieux, ce saint prêtre n'a jamais eu qu'une préoccupation dans sa vie : la gloire de Dieu et le salut des âmes qui lui étaient confiées. Aussi le zèle de la maison de Dieu le dévorait-il.

Son ardente activité a marqué tous les actes de son ministère d'une énergie à la fois douce, compatissante et inflexible, lorsqu'il s'agissait de la destruction du vice parmi les enfants de son cœur. Sa paroisse a toujours été l'objet de ses plus chères affections, et rien au monde n'aurait pu la lui faire abandonner.

Un jour, à l'époque des vacances, jeune lévite encore, il se rendait, le bâton de pè-

lerin à la main, du séminaire de Saint-Iré-
née au sein de sa famille [1]. Le hasard le fit
séjourner à Virigneux, où il reçut l'accueil
le plus cordial. Il en fut profondément ému
et, dans l'enthousiasme de son admiration,
il dit à son compagnon de voyage : « Oh !
si Dieu m'appelait au gouvernement de
cette paroisse, que je serais heureux : c'est
là toute mon ambition. » Prophétisait-il ?
Nous l'ignorons. Quoi qu'il en soit, à peine
avait-il atteint sa trentième année que ses
supérieurs lui imposaient le lourd fardeau
de la direction des âmes au milieu de ceux
mêmes qu'il avait convoités pour ses enfants. A la nouvelle de sa nomination, son
cœur bondit d'une joie bien vive, mêlée
toutefois d'une crainte pieuse, et quelques
jours après il épousait Virigneux, selon
l'expression qu'il se plaisait souvent à ré-
péter.

Il a été fidèle à ses promesses. Il a fa-
vorisé les vocations sacerdotales et procuré
à la vigne du Seigneur des ouvriers distin-
gués.

1. A La Valla, près Noiretable.

La bonne direction qu'il a donnée à sa paroisse, le soin qu'il a pris de toutes ses brebis chéries, auxquelles il a prodigué, sans relâche et avec la plus grande générosité, sa vie tout entière, sont connus de tout le diocèse.

Il y a deux ans, il sentit ses forces décliner; alors, dans le but de se préparer plus directement au redoutable passage de l'éternité, dans l'espérance surtout de maintenir plus sûrement, parmi ceux qu'il a tant aimés, la pureté de la foi qui nous fortifie et cette piété solide qui conduit les âmes au sommet de la perfection, il voulut lui-même pourvoir à son successeur. M. Bourgonel, vicaire de Chazelles, lui fut, sur son désir, accordé à titre de curé-commis.

Il n'est plus ce bon pasteur, ce père bien-aimé! mais il laisse parmi les siens un souvenir impérissable.

Le mercredi, au moment de la distribution des cendres, après avoir tracé rapidement la vivacité de la foi du regretté défunt, après avoir démontré la fermeté de son espérance, l'ardeur de sa charité qui mit son courage au-dessus de toute épreuve, le prédicateur des Quarante Heures a soulevé dans le cœur des assistants l'émotion la plus profonde. S'inspirant du texte de la cérémonie : « Souvenez-vous, ô homme, que vous êtes poussière, etc., » il s'est écrié en terminant :

« Venez, chrétiens, venez contempler les coups funestes de la mort dans votre père vénéré et l'ami de vos cœurs. — Ils sont éteints ces yeux bienveillants que vous aimiez à rencontrer. Ils ne se fixeront plus sur vous ces regards surprenants dont la puissance subjuguait vos âmes, comme autrefois ceux de Jésus subjuguaient les cœurs de Pierre coupable et de Madeleine repentante. — Elle est muette et sans vigueur cette bouche bénie qui vous a si généreusement dépensé la parole de Dieu et porté dans vos cœurs le baume consolant des espérances éternelles. — Elles sont muettes et glacées ces lèvres jadis brûlantes comme celles des Séraphins, et qui tant de fois ont fait monter au Ciel l'encens précieux de la prière, pour l'affermissement de votre foi, pour le soutien de votre courage défaillant au milieu des errements du siècle, de la perversité du monde et des suggestions multipliées de Satan. — Elles ne s'élèveront plus pour vous bénir ou vous pardonner, ces mains vénérables qui vous ont enfantés à la vie de la grâce en faisant couler sur vos fronts naissants l'eau sainte du baptême : elles sont enchaînées pour toujours ces mains infatigables. Mais, combien de fois, au milieu du désert de cette triste vie, ne vous ont-elles pas régénérés dans le bain sacré de la pénitence, distribué le pain des anges et des forts, et fait couler dans vos veines le sang même de votre Rédempteur? — Elles sont à jamais sourdes et insensibles ces oreilles charitables, confidentes discrètes de toutes vos peines, de toutes vos angoisses et de toutes vos douleurs. — Ils sont à jamais réduits à l'impuissance ces pieds évangéliques qui le faisaient, au premier appel, voler à votre secours, porter sur votre couche de douleur les joies de l'espérance : revenait-il jamais de vos demeures sans avoir ranimé votre courage abattu, réparé vos forces épuisées? — Enfin, chrétiens, il ne battra plus pour vous ce cœur qui vous a tant aimés. Ah ! s'il se trouvait dans cette assemblée un cœur insensible à la voix de la reconnaissance et sourd aux sévères enseignements de la mort, nous lui dirions : Allez, malheureux, jouissez du présent, livrez-vous librement et tout entier à la perversité de vos desseins insensés ; suivez sans crainte l'entraînement de vos penchants déréglés ; il n'est plus là pour vous arrêter, celui dont la présence seule et la vertu paralysaient vos projets criminels et confondaient votre audacieuse arrogance.

« Mais où s'égarent nos pensées ? Non, ils ne sont point ici les cœurs endurcis et dénaturés. Oui, chrétiens, le souvenir de celui qui vous a tant affectionnés vivra éternellement dans vos cœurs et ses vertus feront l'ornement de votre vie sur cette misérable terre d'exil. C'est par là que vous le rejoindrez au Ciel ce père bien-aimé, pour ne plus vous en séparer et jouir des ineffables délices que Dieu a promises à ses élus. »

Hier, à ces paroles, des larmes silencieuses sillonnaient les joues attristées de tous les assistants, et de profonds gémissements s'échappaient par intervalles de leurs poitrines suffoquées. Aujourd'hui, semblable spectacle s'est renouvelé à la voix éloquente et sympathique d'un confrère qui est venu au milieu de la cérémonie funèbre parler encore de ce pasteur vénéré.

Il nous serait doux de reproduire dans son entier ce discours prononcé dans un langage que n'oublieront pas ceux qui l'ont entendu, mais nous ne pouvons ici qu'en donner l'analyse :

« Des enfants bien nés, a-t-il dit, aiment à entendre parler souvent des vertus et des bontés d'un père qu'ils ont affectionné... Votre pasteur est venu au milieu de vous pour y opérer, selon les paroles mêmes de Jésus-Christ, de dignes fruits de salut et de bénédiction. *Mitto vos ut eatis et fructum afferatis...* Ah ! vous connaissez tout' le zèle qu'il a déployé pour votre sanctification... Vous êtes émus .. Nous comprenons votre douleur... — Le prêtre doit être le sel de la terre, dit l'Écriture. *Vos estis sal terræ.* Votre pasteur est notre modèle à tous. A nous prêtres, il nous enseigne quelle ardeur doit nous enflammer dans la carrière de notre ministère sacerdotal et quelles vertus doivent nous soutenir au milieu de la multitude des épreuves semées sous nos pas... A vous chrétiens, il vous apprend quel doit être le mobile de vos actions; quelle charité doit vous unir ici-bas dans une communauté de sentiments bienveillants les uns pour les autres et dans l'exercice d'une sainte émulation pour la pratique de la vertu.

« ... Contemplez une dernière fois ce cœur qui, pendant cinquante-trois ans, a battu pour vous. Il est insensible aujourd'hui ; mais la poussière du tombeau ne le possédera pas Il vivra dans votre souvenir ce père bien-aimé jusqu'à ce qu'enfin le Dieu des miséricordes ait réuni le pasteur et les brebis au séjour bienheureux de sa gloire éternelle. »

Ajoutons que ce qui augmentait encore l'émotion de ce spectacle attendrissant, c'était de voir, au milieu d'une foule innombrable, des vieillards aux cheveux blancs et courbés sous le poids des ans, dont le corps décrépit pouvait à peine se traîner. Ils avaient voulu, guidés par la reconnaissance et les larmes aux yeux, accompagner même d'un pas chancelant, à sa dernière demeure, celui qui les avait tant de fois consolés et qu'ils se plairont toujours d'appeler leur père.

MÉMORIAL

DU JUBILÉ ET DES QUARANTE HEURES

—◇ ◇ ◇—

S O U V E N I R S

1° La mort devant bientôt me séparer de ce monde et de tous ses faux biens, ce serait une folie d'y attacher mon cœur ;

2° Le péché mortel étant le plus grand de tous les maux, je dois tout souffrir plutôt que d'en commettre un seul ;

3° Une vie coupable est le présage d'une mort malheureuse. parce qu'elle amène l'impénitence finale qui consomme la réprobation ;

4° L'enfer étant un assemblage de châtiments extrêmes dans leur rigueur et éternels dans leur durée, je dois, quoi qu'il m'en coûte éviter d'y tomber ;

5° Les peines, les travaux, les sacrifices de cette vie seront bientôt passés, mais le Ciel en s'ra l'éternelle récompense.

RÉSOLUTIONS

CE QUE JE DOIS FAIRE :

1º Je serai fidèle à prier. Chaque jour, matin et soir, je ferai *ma prière* à genoux et avec respect. Le matin, j'aurai soin de *prévoir* les occasions de chute qui pourront se présenter dans la journée ; le soir, je ferai sérieusement *l'examen* de ma conscience ;

2º Je sanctifierai les *Dimanches* et les *Fêtes* par l'assistance à la messe et aux offices de l'Église ;

3º Je m'approcherai des *sacrements* aussi souvent que mes besoins particuliers le demanderont. Je n'omettrai jamais de me disposer à la *communion pascale* ;

4º Je regarderai la sainte Église catholique comme ma *mère*, et comme l'interprète infaillible de Dieu. J'obéirai à tous ses commandements ;

5º Je combattrai avec constance ma *passion dominante*, par tous les moyens que me suggérera la sagesse de mon confesseur ;

6º Je porterai toujours sur moi une croix, ou une médaille. Dans ma maison, un crucifix, une image de la Sainte Vierge, un bénitier, etc., indiqueront qu'elle est la maison d'un chrétien ;

7º Après mes chutes, je me relèverai promptement sans jamais me décourager.

CE QUE JE DOIS ÉVITER :

J'éviterai :

1° Les *conversations* et les *livres* où la religion, la piété, la pudeur, la chasteté ne seraient pas respectées;

2° Les *assemblées* et les *fêtes du monde* qui seraient pour moi une occasion dangereuse ;

3° Les *visites*, les *liaisons*, les *relations* quelconques qui m'exposeraient à offenser Dieu ;

4° Le *respect humain* et l'indigne faiblesse qui, cédant aux mauvais exemples, met les usages du monde à la place des maximes de l'Évangile ;

5° Enfin, *l'oisiveté, l'intempérance*, la trop grande attache à *l'argent*, qui entraînent à l'oubli des devoirs religieux, ruinent l'esprit de famille, deviennent la source des procès, et conduisent à tous les vices.

AVIS PARTICULIERS

AUX PAROISSIENS

L'assistance aux offices de leur paroisse, le zèle pour l'ornement de leur église, le respect envers leur pasteur, la soumission à ses avis.

AUX PÈRES ET MÈRES

L'instruction, la vigilance, la correction et surtout le bon exemple, la prière en commun, le choix, la surveillance et le soin des do-

mestiques ; l'éloignement des personnes pro-
pres à scandaliser ; prendre conseil avant de
placer les enfants, soit en condition, soit en
apprentissage, soit dans une maison d'éduca-
tion, et encore avant de prendre un parti sur léur
vocation.

AUX ENFANTS

Respect, soumission. assistance envers leurs
parents; accord entre frères et sœurs; attention
à se porter mutuellement au bien; amour de la
vie de famille.

AUX ÉPOUX

L'attachement, la fidélité, le support mutuel,
l'union et la paix ; le désir et le soin mutuels de
leur salut.

AUX HOMMES

L'amour de la justice, le pardon des injures,
la haine de la fourberie et des chicanes, l'horreur pour le blasphème, la fuite des cabarets.

AUX FEMMES

L'esprit de douceur et de patience, la pratique
des œuvres de charité, le soin du ménage, la
sage économie.

AUX JEUNES GENS

La fuite des mauvaises compagnies, des cour-
ses nocturnes et des plaisirs dangereux ; la mo-
dération dans le jeu, la tempérance, la prévoyance
de l'avenir, l'horreur des paroles déshonnêtes.

AUX JEUNES PERSONNES

La modestie, la délicatesse de conscience, la simplicité dans la parure, l'usage fréquent des sacrements, l'imitation de la Sainte Vierge.

A CEUX QUI ASPIRENT UNE VIE PLUS PIEUSE

Un règlement de vie sagement tracé ; le soin de ne pas abuser des sacrements; une conduite générale qui honore la Religion et la fasse aimer.

A TOUS

L'amour de Notre-Seigneur Jésus-Christ ; la dévotion à la Sainte Vierge; le pieux souvenir du patron; la fidélité aux inspirations de l'Ange gardien.

LYON. IMP. PITRAT AINÉ, RUE GENTIL 4.

LYON. — IMP. PITRAT AÎNÉ, RUE GENTIL, 4.